피어나 블루블루

김수예 시집

시인의 말

오늘을 벗어나
오늘을 살아요

벌써 가을인가요 이미 가을일까요

알려고 하면
알 수 없는 곳에 도달하게 되지요

여기는 오롯이 남겨집니다

2022

늦은 여름

차 례

● 시인의 말

제1부 별빛을 궁굴리는 당신의 검은 눈동자처럼

목소리가 얼굴에게 ——— 10
사이 ——— 11
별은 구두를 벗지 않는다 ——— 12
새벽 ——— 14
스트라이프 트라우마 ——— 16
스노클링 ——— 18
저녁 조율사 ——— 20
터널 ——— 22
유월 ——— 24
새똥이 탑에 떨어진다 ——— 26
한담 해안로 ——— 28
12월 ——— 30
별똥별 ——— 32

제2부 떠돌이별이 하루를 사는 속도는 달라

링거 주사 ——— 34
홍점알락나비의 기억 ——— 36
넝쿨을 삼킨 포도나무 ——— 38
바다와 밀대 ——— 40
달, 달, 달팽이 달로 간다 ——— 42
아라베스크 ——— 44
산수유 꽃말 ——— 46
황사 ——— 48
아토피 ——— 50
소래 ——— 52
빗방울이 슬레이트를 친다 ——— 54
석탈해의 미소 띠고 ——— 56
책상 ——— 58

제3부 그리운 건 언제나 오늘

창 ——— 60
프레임과 바깥 ——— 62
기차의 배꼽 ——— 64
정오에 서서 ——— 66
비계 ——— 68
바자흐의 미소 ——— 70
반가운 결혼식 ——— 72
키를 꽂으면 ——— 73
채송화 ——— 74
곱슬을 줍다 ——— 76
식용유와 퐁퐁 ——— 78
수산 한못 ——— 80
수억의 발을 내려 ——— 82
까치집 ——— 83
잔혹 동화 ——— 84

제4부 기울어진 어깨로 반박 느리게

미로 ────── 86
절름발이 래퍼 ────── 88
모형 갈매기 ────── 90
옆집이 멀다 ────── 92
이상하고 아름다운 나라의 ────── 94
달빛은 계단을 밟고 내려와 ────── 96
불가촉 그녀 ────── 98
새를 쫓는 개 ────── 99
틱 ────── 100
목발을 짚은 사나이 ────── 102
프레파라아트에 떠 있던 기억처럼 ────── 104
빨간 손바닥 ────── 106
원룸 ────── 108
피어나 블루블루 ────── 110

▨ 김수예의 시세계 | 문신 ────── 112

제1부
별빛을 궁굴리는 당신의 검은 눈동자처럼

목소리가 얼굴에게

얼굴 한번 보자는 말이
앞니에 걸려 부서진다

여보세요?
화면으로 불러들여도
마음의 시차에
얼굴은 깨어진다

오글거려? 어색해?

각자의 방에서 젖은 발목을 건져
햇살에 반짝반짝 타오르는 물방울 깨뜨려

은하철도에서 나는 너를 기다려
유행이야

우리 거기서 만나
얼굴 한번 만지게

사이

첫사랑은 은총같이 와서 기준이 된다

중년의 커플이 식전 알약을 나눠 먹는다
일상과 일탈 사이 쪼개어 쓰고 온 것들

배식구에서 식판을 챙겨 내밀며
궂은날 국화 향을 따라 흐르며

베이지의 외투 깃과 민트 빛 스카프 사이

검은 선글라스가 반백의 광대에 걸려 있다
굵은 눈웃음을 당겨 서터를 눌러댄다

휴일의 늦잠과 감성의 극성 사이
노스탤지어와 강남스타일 사이

반짝임은 마모되고 손때에서 윤이 난다

별은 구두를 벗지 않는다

지상에 별이 있어
이륙하면서 시선을 떨어뜨린 곳

함성의 발꿈치에서 유리 파편이 튀고 있어
거인의 발자국마다 불거지는 별의 실핏줄들

코타키나발루 맹그로브 숲을 향하여
어둠에 내일의 씨앗을 뿌리듯
응원의 함성 먹물처럼 엎질러지면

반딧불이 쏟아져 나와
삼백오십 날의 허물을 털어내는
꽁무니의 송신을 두 손 안에 받아들여

뜨거움의 시간을 지나와 손 델 것 같은 차가움으로 부풀어 오르는 형광빛
손금을 파고들어
어둠을 밝히지 못하고 제빛의 강약을 셈할 뿐

별은 스스로 빛을 내지 않아
어둠이 별의 이마를 짚어 준 것
식은 먼지는 반짝이지 않는 네 가슴의 불씨야

바늘귀를 꿰어 별자리를 깁고 있어
박수 소리 잦아들어도 도시의 눈은 잠들지 못하고
지상에서 별은 구두를 벗지 않아

별빛을 궁굴리는
당신의 검은 눈동자처럼

새벽

시계 초침은
고요, 라고 이 초에 한 번씩 말한다
시계 초침은 적막, 이라고 이 초 만에 말한다
긴장? 이라고 삼 초에 한 번씩 말한다
시계 초침은 차곡차곡, 이라고
일률적, 이라고
참 솔직하다, 고
오 점 오 초에 한 번씩 말한다
시계 초침은 지루하다, 고
다시 차근차근, 이라고
몸을 뒤집어 이불을 당긴다, 고
십이 점 오 초 동안 말한다
드르렁후우, 사 초에 몰아 말하고
이 초 동안 눈꺼풀은
아큐브 렌즈처럼 동공 위로 떠오른다
깜박, 눈썹을 빠뜨렸다 건져 낸다 빨려 들어갔다가 밀려 나온다
:

:
:
시계 초침이 화들짝
이라고 삼 초 만에 말한다

제자리는
머무는 곳이 아니라
지켜낸 순간이라고

새벽이 흘러가 버렸다, 고 말한다 아침이 왔다, 고도 말한다 시계 초침은 시끌벅적, 이라고

말하다
말다
한
다

스트라이프 트라우마

줄줄줄줄 칸을 만들어요
유려한 곡선이라 해도
칸 안에서 나는 갇혀 있어요

아, 사바나에서는 얼룩말들이 먼지를 일으키며
줄줄줄줄 무늬를 입고 달려요

검정 바탕에 흰 무늬일까요
하얀 털과 검은 털이 번갈아 자라나나요

내가 줄무늬 옷을 고른 것은 아니지만
얼룩말 잔등에 기생하는 체체파리는 아니지만
줄줄줄 줄무늬에 감겨 숨이 가빠져요

신나게 발을 구르면
발바닥에서 바퀴가 자라나나요
꼬리를 물고 뱅뱅 오목해졌다가
뒷덜미 잡혀 팽팽해져요

차라리 눈을 감아 버릴까요
앗, 각도를 바꿔야 해요
머뭇거릴 틈이 없어요

다시 움푹해질 때까지
볼록과 울렁의 시간을 견뎌야 해요
소용돌이는 지나가고 나면
시치미를 떼는 습관이 있죠

언제나 진땀을 흘리는 건 나
줄줄줄줄 줄무늬 땀이 되어
당신의 온몸을 돌아나가요

스노클링

물속 들여다본 적 있나요
길 위에서 길을 잃거든 내 사랑 당신
물밑으로 내려가 보세요

코로 코를 막아요 혀로 혀를 물어요
바다를 마셔서는 안 돼요 아, 묻고 아, 답해요
뱃속 심해의 소리를 풀어 놓아요

뒷덜미를 누르는 바다의 손바닥
내 사랑 당신, 사방이 발밑이잖아요
물의 살을 밟으며 물길을 지나가요

멀미처럼 발끝에 꼬리가 자라나나요
손끝에도 지느러미가 피어나나요
고요한 해저 진공의 우주를 저으면
열대어처럼 당신 몸에 화려한 무늬가 돋을 거예요

말이 되지 못한 소리가

소리가 되지 못한 말을 주머니에 옮겨 담으며
산호 사이로 물거품을 산란해요

전하지 못한 말은 수면으로 떠올라 빛을 받고 있어요
목소리를 잃어버린 물고기도
구름 속에 멈춰 서서 수신호를 보내오네요

남극에서 북극까지 죽음의 해류에 떠 있는
당신의 고독을 바다가 떠받쳐 주죠 내 사랑 당신

눈에 눈을 얹어요
나의 눈에 당신 눈물을 담아요

저녁 조율사

저음은 발등에서 붓고 고음은 정수리로 솟는다

피아노의 뚜껑을 들어 올리자
해머와 현의 조응 금빛 뼈로 드러난다
벨트를 조이고 생의 코드를 짚는다

쨍한 소리를 골라 귀에 걸어보는 동안
연미복 자락처럼 한 음 한 음 또렷해진다
응, 답하며 골목으로 저물어가는 음파를 쫓느라

오래도록 연주회를 갖지 못하고 있다
선율이 되지 못한 소리는
지구의 거죽에 붉은 녹으로 묻어난다

한 발짝만 돌아서도 흔들리는 저녁의 수은주
온몸으로 엄습해오는
낙조의 구둣발 소리에 입김이 흥건해진다

완주는 연주자의 몫으로 남겨두고
귀밑머리 희끗해져
도구를 손질하는 초로의 등이 역광으로 굽는다

어둠이 색을 삼키고 빛을 뱉으면
목젖 같은 도시의 눈은
어린 짐승처럼 물빛을 머금고 울먹인다

부은 발등을 내밀며 신작로를 돌아나가는 길
저녁이 나비 날개에서 흩어져 난다

언덕 위의 그림자는 발뒤꿈치를 물고 늘어진다

터널

장의차가 빠져나가고 있다
나를 지나쳐
이 세상에서 달아나고 있다

한 죽음이 빠져나갈 때마다
터널은 부풀었다 쭈그러든다

터널 속을 걷는 나는 터널이다

이 남자도 터널을 빠져나와
연립주택 복도를
너덜너덜 걸어왔을 것이다

두 팔이 작업복을 빠져나간 뒤
추리닝에 다리를 갈아 끼우고 있다

통과한다는 것은
누군가의 터널이 되는 것

나를 지나간 터널을 길 끝에 누인다
당신, 괜찮아?

터널의 턱이 빠졌다가
서서히 다물어지고 있다

유월

바람이 전하는 말에
새가 문장부호를 찍어요

잎새에 부딪혀 햇살은 깨어지고
조각난 구름이 나무 사이를 미끄러져요

가부좌한 배나무밭에서
종이봉투 바스락거리는 소리

살 차올라요

흙을 뒤집어 살림을 부려놓고 바람은
그림자를 들추어 빠져나가요

꽃의 계절이 가고
푸른 잎이 입을 떼기 직전

숲의 무수한 수다

목소리를 잃었는지 말을 놓쳤는지
분주한 손놀림 화면을 깨뜨려요

가지에 노란 봉지를 심장처럼 묶어 두고
잎사귀가 등뒤에서 숨죽여 울고 있어요

경운기의 시동이 잦아들어요
연록이 밀물져 와요

새똥이 탑에 떨어진다

이마에 부스럼이 돋는다
기관총이 밥그릇에 지나가고

포화 밖으로 떨어져 밥풀처럼 말라가는 아이
손발 짧아진 어린 부모를 떠메고
옵빠 머시써요, 이쁜 언니 열 개 마넌

뱅골 보리수 밀림을 누비며
오늘의 전사가 되어 따라붙는다
계집아이의 목에 두른 뱀이 굵어지고 있다

끊어진 회랑을 가로지르며
나무 여인의 하체가 붉어져 오른다
지천에 나뒹구는 신의 코를 깨뜨린다
망가진 굇바퀴를 휘감아 마디마다 젖을 물린다

게릴라는 정글로 숨어들어
포탄을 안고 곯아떨어지고

성을 빼앗긴 왕조는 티켓을 끊어
비슈누에 이르는 계단을 밟는다

무너진 탑은 빈 땅에서 뒹굴고
암수의 퍼즐 조각이 몸을 섞는
변방으로 들꽃이 번져 간다

에미 애비 없이 터는 살아남은 성이다
새똥이 탑의 이마에 떨어져 싹이 눈을 뜬다

한담 해안로

거품을 풀어놓고 바다가 빨래를 한다

젖은 바람에 캡슐 세제가 터지고 있다

묵은 억새는 초봄 바람의 옆구리를 쿡쿡 찌르고

저 멀리 검은 돌담이 낮은 하늘을 따라 걷는다

모래를 불어내고 테이블을 정리하는

카페 거리에 털보 바리스타가 있다

바다를 중얼거리며 얼그레이를 주문한다

발화되어야만 느끼기 시작하던 여자

펜을 내려놓고 모공을 열어 허공에 스트로를 꽂는다

물 빠진 청바지를 걸친 풍차해안까지

통창을 밀어내고 빨아서 쓰는 액자가 된다

묵은 빨래를 치대며

마르지 못하는 바다가 거품을 삼키며

하오 네 시의 빛을 저며내고 있다

12월
— 빈 손바닥을 뒤집어 하늘을 받는 달

방문을 닫는다
제각각 체온을 유지하기 바라면서

봄이 링크된다
론도 형식으로
세면대에 물이 튀고

열두 달은
열 손가락 사이를 빠져나간다
하얀 햇살을 흘기며

파도와 포말 사이
입김을 불어 거울을 닦는다

빈 손바닥을 뒤집어본다

섬은 땅을 놓치고 하늘을 받은
미성년이 자라나기 좋은 곳

잇단 음이 현을 밟고 미끄러지다가
발목을 곧추세운다

밀물이 빠지고 나서
모래의 바람을 읽을 것이다

별똥별

똥 떨어진다

누가 더 힘이 센지
별똥인지 똥별인지

은하의 강에서 뒷산 언덕까지
줄다리기,

우리 동네가 이겼다!

제2부
떠돌이별이 하루를 사는 속도는 달라

링거 주사

똑
똑
똑

체할라 조심조심

한
방울
한
방울

엎힐라 살금살금

손가락 끝에 구멍을 내어
한 방울이라도
더 먹이시는

어
머
니

홍점알락나비의 기억

남고산 햇살에 물안개가 부식되는 아침
한생의 하루살이 떼 날아오르고

천변에서 여름내 섬은 부풀었어요
섬진의 물길을 거슬러 삼천의 뿌리에 물이 없네요

자전거를 타고 한 아이가 귓바퀴를 훑고 지나가요
몽상하던 여자는 흠칫, 죽은 엄마처럼 멈춰 서요

아이는 자라 제 문장을 찾아 떠나가고
나는 기호의 자궁을 떠나왔어요

1 2 3 4 5 색칠 놀이 빈칸을 다 지우면
알락나비는 날갯짓하겠지요

드라마 재방송을 보고 또 봐요
흰나비는 어제를 부풀리지 않아요

태초의 언어는 기억의 뿌리를 찾아 탄생의 숲으로 돌아갈 채비를 마치고

5 4 3 2 1 ······
현관에서 비밀번호는 초기화되지요
수수께끼의 열쇠를 목에 걸고

홍점알락나비는 화려한 예복을 차려입고
시혼이 되어 날아올라요

넝쿨을 삼킨 포도나무

아버지 구멍으로 들어간다

등의자에 기대어
남겨둔 도넛처럼 마른입을 벌리고
혀를 말아 넝쿨손을 삼킨다

아버지에 딸린 줄이 되어
줄의 눈이 되어 따라 들어간다

짐자전거 끌던 비탈에
날개를 펼친 채 말라버린 나방

길목에서 생목으로
구멍의 노래를 부르고 있다

목을 부풀려 내시경을 비춘다
초속 삼십만 킬로미터로 나란히 달리면
빛의 모습을 볼 수 있다는데

차트에 목소리가 떠올라
새하얀 시트로 핏줄 한 가닥을 토해 놓는다

검은 넝쿨 끝 여물던 포도송이들
말라비틀어진 줄기에서 쓰디쓴 단물을 빤다

수확을 끝낸 포도밭
늦열매를 따먹으며 나는

아버지의 구멍에서 나온 구멍이다

바다와 밀대

바람이 물 위를 얼마나 달려왔는지 밀대는 안다

해변에서 밀대를 짚고 걸음을 옮기는 여자와
하품을 삼키며 뒤따르는 젊은 여자를 발코니에서 내려다
본다

지팡이가 나서고
뒤처진 한 팔과 한 다리가 치맛자락 붙들고
처얼썩 따라붙는다

거품을 물고 여자가 일생 벼려 온 것들

물걸레로 바닥을 민다
먼지가 습한 무게를 업고 선명해져서 줄줄이 밀려다닌다
무릎 꿇지 못해 서서 하는 걸레질

여자는 끝내 바닥에서 손을 떼지 못한 것

밀대가 찍히고 따라나서는 발자국이
남은 길을 지워 간다

어미와 아이가 늙은 한 몸에 살고 있다

바다의 등을 두드려
모래흙을 게우는
파도는 파도의 길을 밀고 온다

어미가 된 아이가
아이가 된 어미를 밀고 간다

달, 달, 달팽이 달로 간다

잎새에서 떨어진 달의 조각
눈을 세우고 몸을 부풀린다

주렸다가 불렀다가
제 살을 파고드는 팽이 같은 달

살 속에 녹아내린 뼈는
짚고 일어서지 못한 그날의 이야기다

하염없는 얼굴은 나선으로 돌고 돌아
그리움을 시친 흔적 제멋대로 아물어

멍 자국이 번지는 달의 뒷면 빛을 받지 못한다

마른 볼의 고랑 사이 움푹진 바람은
발목을 건져내며 사구의 모래 물결 밀고 간다

푸른 똥을 지리는 어린 것을 두고

온밤 내 계수나무를 찍는 시시포스

잎을 통과한 힘 토해 놓고
붉은 땅을 굴러 회백의 달로 돌아간다

달팽이가 떠나와 달은
매일 한 조각씩 야위었던 것

떠돌이별이 하루를 사는 속도는 달라

궤도를 이탈한 달팽이
달의 궁으로 돌아간다

아라베스크

손가락이 자라나요
골목을 기어오르는 당초무늬 무성해져요

거품으로 부푸는 덩굴손은
벽면 거울을 조각내요
바닥을 힘주어 딛지 못하고
열 손가락이 타일을 움켜쥐고 있어요

머리 꼭대기에서 발끝으로 낭창
헐벗은 채로 활이 된 노구 불거진 손마디로
아귀를 싸매고 살을 당겨 과녁을 겨눠요

부러짐과 구부러짐 사이에서
자라나는 머릿결과
죽어가는 모발의 어느 지점을
가위질은 지나가요

시위를 크게 한 번 당겼다 놓는 사이

실크로드를 지나며
하품하듯 반생이 지나요

저무는 해는 손가락을 뻗어
메디나의 골목으로 숨어들고
성벽에 빛의 암호를 새기며
새로 부풀린 생의 컬을 매만져요

손바닥의 군은살을 만지작거리며
사막 여행자는 무릎을 꿇고
기도문이 들판에서 피어올라요

산수유 꽃말

산수유는 투약 시간을 계산하지 않는다

곪아 터지는 기슭에 엎딘
손을 꼽지 않아도 한날 한곳
남긴 듯 남은 듯한 체취로

입천장이 말라 붙어
누울 수도 앉을 수도 없이
밭은기침을 여미고

막내딸의 연애사를 훔쳐보게 된 홀아비
사나흘 신열을 털고 나온다

흐릿한 하늘을 찌르는 산수유 꽃술
가루약 풀썩거린다

그래, 그렇게 맺히는 거야
꽃을 열어 몸을 지나는

폐부를 비집어 말문을 여는

저온 숙성 열꽃은 전염성이 강하다
복판에서 배후까지 속꽃잎 터뜨려

등성이로 번져 간다 발효의 봄은

황사

속살 꽉 채운 배꽃 망울
벌의 날갯짓에 파들거린다

오르막에서 숨이 거칠어지고 있다
황달이 찾아온 낮은 하늘을 끌어다 덮고
비탈길에 복수가 차오르고 있다

기도원에서 나와 사내는 술을 찾았다
통증을 게우다 삼키다
독주에서 곡주로 바꾸어 마시며 부우연 하늘을 달랬다
어린 딸을 졸라 술 받으러 보내던 길

주전자에 막걸리가 차오르듯
노오랗게 부풀어 오르던 낮달

면회 시각은 아직 멀고
중환자실 앞에서 의사 나오라며
난동을 부리던 인근이 삼촌

주전자는 부끄럼도 모르고 찰랑거렸다

면포가 얼굴에 덮이고
낙과는 밭을 구른다
꼭지에서 떨어진 배꽃 망울 즙을 내며 밟힌다
솎아낸 열매는 더디 썩는데

머리맡 철골 그물
회청빛 하늘을 조각낸다

단칸방에서 꽃망울이 부화하고 있다

아토피

일인용 바닷물에서 살았어요
웅웅, 바깥세상은 소란스러웠죠
엄마는 기다리라고 타일렀어요
매일 아침 함께 물질을 나갔거든요

꼴깍꼴깍 엄마 젖은 들큰하고 든든했어요
물 밖에서 모두 모여 손뼉 쳐 주었죠
언니 목소리는 떼굴떼굴 굴러가 엄마 무릎에서 튕겨져요
내복 차림으로 하루 종일 분홍 볼을 내게 부벼요

설렘으로 부풀었던 풍선 꽃이 시들 무렵
개나리 같은 치마를 입고 언니는 유치원에 갔어요
할머니 댁에 나를 내려놓고 엄마는 다시 바다로 가요
고무 꼭지에서 나오는 달콤한 우유는 꽃을 피워요

진달래가 상했나, 얼굴에 벌레가 기어 다녀요
꽃잎을 파먹고 한밤중을 정수리부터 갉아대요
꽃술보다 붉은 피가 뺨을 할퀴어요 언니가 달걀을 먹으면

내 팔 안쪽을 병아리들이 콕콕 쪼아대죠

이거 먹어도 돼요? 아야 하는 거예요
혼자서도 그림책을 잘 읽잖아요
이거는요? 안 돼 안 돼 언니 거예요
악, 목소리는 갈라지고 짓물러요

새우가 들어가지 않은 간식은 엄마만 알아봐요
살금살금 편식하며 걸음마를 떼어요
자동차에 시동을 걸 수가 없어요
나도 유치원에 가고 싶어요

쉬었다 가세요
나는 우리 집 브레이크였어요

소래

빗살무늬 앞머리를 가르던
포구의 바람은 미역 빛이다

공단 옆 버스 정류소는
매 시각 누군가를 기다리고 있다

때 절은 희망처럼
이따금 빠뜨리는 노선처럼

신상품을 내건 간석오거리 몇 구역을
뒷골목처럼 흘러 다녔다

삼월이 상이군인처럼 돌아와 너의 팔짱을 낀 채
왈칵, 바다를 쏟으며

가난한 어머니의 쪽문 안으로
몸을 누이곤 했다

소래昭來,

호명만으로 설레던 너를 끄적이면
골목 안 전봇대에 파래 색 잎새가 돋는다

새벽바람에 속속들이 뒤집히며
마른 박대 같던 어머니

날 밝기 전 돌아온 뱃전에서
비린내를 흥정한다

빗방울이 슬레이트를 친다

슬레이트에 검은 반점이 찍힌다
빗방울들 회색 지붕 위를
끓는 콩물 튀듯 뛰어다닌다

바드름한 지붕은 두부 공장 누름돌
김을 피워 올리며 새벽을 덮어 둔다

매일 매일이 새로운 인생 한 판
큐, 를 외치며 간수를 젓는다 혼자된 지 오랜 순봉 씨
거품을 걷어내며 콩물을 끓인다
짐자전거는 두부 삼십 판을 싣고 오십 년째 골목을 돌아와

두부판같이 네모난 가방을 메고 나간 아이들을 기다린다
유통 기한은 일 일, 냉장고에 들여놔야 할 두부들
아직 돌아오지 못하고 있다

오래 끓여 간을 하고 각을 잡아도
쉬 상하고 으깨진다 종일 비가 내린다

비에 물렀다가 바짓단을 털어내다 슬레이트 지붕처럼
푸석해진 순봉 씨 한 발짝 내려앉고 만다

빗방울 굵어져 뺨 맞은 듯 웅덩이가 패고
수채에서 빗물이 부어가고 있다
컷, 을 외쳐가며 하루 종일 비가 온다

양철 대문 경첩에서
벌건 녹을 토해내고 있다

석탈해의 미소 띠고

충북 보은군 남다리 대장간
망치를 찍어낸 거푸집이 있다

풀무질에 퍼렇게 멍들었다가
급기야는 싯붉게 녹아내린다
견디기에 알맞은 모양새를 잡아간다

육십여 년 시우쇠를 달구고
내리치고 두들기고서야 완성된
망치의 오른 골과 집게의 왼 틀

거죽끼리 몸 섞어 들어간 곳은
손바닥이 손잡이를 맞잡던 그날 이후
망치보다 오래 두드리고
집게보다 길게 물고 늘어진 맹목이다

몸의 끄트머리 마르고 틀어진 손가락이
가장 먼 곳 오늘을 가리키고 있다

양지쪽 담벼락에 나무 의자 내어놓고
대장 할배는 지금 담금질 중

이빨 빠진 낫 한 자루
석탈해의 미소 지으며 대장간 간다

책상

여섯 식구 단칸방 살 때
식구들 머리맡 백열전등 아래 펴놓은 밥상은 내 책상이었다 그만 자그라, 잠꼬대처럼 흐리는 말꼬리는 아버지의 죄스러운 자리끼였다

철이 들고 새벽 줄을 서야 했던 언덕배기 시립도서관 곰보 칸막이가 전용 책상이 되었다
여친 구함 선인중 2학년 13반 57번 꾹꾹 눌러 새긴 페인팅 음각 벽화는 내 설렘의 시초였다

남편의 자취방 한가운데에서 신혼 방 구석으로 책꽂이까지 딸려온 철제 책상에
딸의 백일 사진을 세워 두고 공과금 고지서를 눌러둔 온순한 경제가 내 치열의 흔적이었다

독서실로 아들의 교과서와 문제집을 옮기고 대학 기숙사로 옷가지와 침구를 부친다 빈 책꽂이가 기다란 원목 책상에 노트북을 연결하고 머그잔을 내려놓는다
페달을 밟으며 자판이 멈칫거린다

제3부

그리운 건 언제나 오늘

창

버스가 멈춘 사이
빈자리를 찾는다

덜렁거리는 손잡이 사이

머리, 머리들 지나
깨진 액정같이 무표정한 얼굴들 지나

빗줄기는 창에 서린 김을 닦지 못한다

입김을 불어 안경을 닦아도
여전히 뿌연 생각

버스가 급정거를 한다
빈 손잡이는 앞쪽으로 몰려가고

뒤통수들,
검은 구멍이 된다

보는 사람과 보이는 사람 사이에 창이 있다

횡단보도를 건너던 여자는
다급히 비닐우산을 당긴다

구석에 자리를 잡고 앉아
뿌옇게 김이 서린다

프레임과 바깥

셔터를 누른다

가까이 다가가 너의 미간을
한 발짝 물러나 눈썹의 몸짓을 풍경에서 잘라낸다

틀에 가두고 싶지 않아 머뭇대다가
어느샌가 장면을 주워 담으며 까르르거린다

조리개를 열어 줌, 인!
소매 끝에 몽글몽글 보풀은 튄다

바늘땀을 굴려 꽃잎의 표정을 발설할까
아웃포커싱 되어 배경은 숲에서 떨고

뒷줄의 코스모스는 흐릿하다
묽은 하늘을 받친 여덟 장 꽃잎 사이로
실루엣의 가는 목이 길어진다

푸른 줄기를 꿰어 화환의 문장을 지구의 목에 걸어 볼까

피사체 밖으로 프레임을 돌려본다
울타리를 손질하듯 배경을 조이고

셔터의 속도를 높여
지평선 너머
풍경을 타고 컷이 달린다

기차의 배꼽

기차가 달린다
발밑은 차여 공중을 잠깐 들어 올린다

눈앞에 한 선을 누이고
마주 보는 침목의 거리

선로는 나란하다

씨를 나눈 사과 속살처럼
신이 똑같이 나누어준 반쪽

밀월의 탯줄을 자르고
배꼽 떨어져 가랑이 사이로 구른다

철로 끝을 뻥, 차올려
바지에 볼을 문대며 늙은 달이 떠오르고

기차는 달린다 대기를 격파하며

다가서는 만큼 물러나는 너를

쫓아 왔는지 얼마나 나는 쫓겨 왔는지
기적을 복기하며 기차가 달린다

가지런히 콧김을 뿜는
선의 마음을 연장하여

윙크하듯 소실점을 찍고
엇갈리어 지나간다

무게에 밀려 길이를 따라
달리는 기차는 평행이 감당한다

바람을 밀매하던 개망초
소맷부리에 콧등을 문지른다

정오에 서서

    저녁마다 반 시간씩 걷고 있어
    걸음마의 기억을 더듬거리고 있어
    지나가는 시간에 매달려
    굴절된 방식으로 튕겨 나가려는
    몸을 몸으로 누르고
    발꿈치에서 엄지발가락까지를 천천히 되뇌고 있어
    보폭을 너무 크게 하여 빠르게 걸어왔나 봐
    걷는 법을 익히지 못하고
    생략하듯 허들을 넘어왔어
    체력장 백 미터 달리기 이십사 초, 얼마 전에야 너는
    다리로 달리지 않고 생각이 앞장서
    힘줄 쓰지 않고 관절을 굴러
    입술 물고 주먹 쥐고 새로운 기록을 향하여 달려왔다는 것을 알게 되었어
    몸이 마음대로 머무르도록 두지 못했어
    온몸을 밀고 나가지 못하고
    내 맘 먹은 대로 내 몸을 부리다가
    서로가 닳아져 삐걱거려

하루가 무릎을 꺾는 아파트 주차장
오후 쪽에서 정오의 바람이 불어오고 있어

비계

낮아진 하늘이
유채색 실금을 그으며 부푼다

계단을 짚어 오르고 있는 등짐
발뒤꿈치의 무게를 발끝으로 옮겨 싣는다

앞으로 나아가도 옆으로 기우는
콧김이 허공에 발길질을 한다

뼛속으로 바람이 새고
밀린 월세에 시간의 비곗살은 끼어 간다

불콰한 하늘이
노르익은 알을 삼키는 순식간
허기에 맞불을 놓듯

불씨처럼 풀리는 발걸음
터덕터덕

곁불도 통 속에서 삭아가고 있다

아침에 아이가 벌린 빈 손바닥은
열린 채로 잠들어 있고

꺼진 눈꺼풀 같은 이부자리에
바닥이 대신 짊어지는 빈 등

야간 지시등이 켜지면서
한 층 한 층 실금을 높여간다

빌딩의 뼈에
속살이 차오르는 동안
땅에 발을 박고

날아오르는 계단!

바자흐*의 미소

바자흐의 국적은 파도다
인도양 선상은 배낭여행자의 주소지
오늘만큼은 오늘만큼은
하늬바람도 고개를 끄덕거린다

난송**을 미끼로 참치를 낚는다
뱃머리에 걸터앉아
바닷바람에 다져진 어깨를 수면에 나부죽
귀 기울여 줄을 감아올리는 솜씨가
은빛을 번뜩인다

물과 소금이 튀는 손끝
어제만큼만 어제만큼만
질긴 눈싸움으로 양식을 구하다가

죽음은 시사평 섬으로 간다
날이 저물어 집으로 돌아가는 건 떠돌이의 습성

큰 물결이 인다
잠시의 목메임이거나 오래된 흥겨움
빛나다 사라지는 것들이
하회탈 같은 파문을 그린다

바자흐족이 닻을 내리지 않는 것은
출렁이기 위해서다

* 바자흐족 : 말레이시아 해안가 배 위에서 생활하는 선상 부족
** 난송 : 오징어 먹물주머니를 돌에 묶어 만든 미끼

반가운 결혼식

　뒤적거린다
　제대로 된 정장 한 벌 마련해야지 하는 때마다 드는 생각 시월 오 일 오전 열한 시 웨딩캐슬 베일리홀 하루쯤은 묵은 매무새 가다듬고 한 번쯤 구두코를 문질러 차려입은 사람끼리 오랜만에 만나보는 것
　예식에 참석하여 뒷자리를 서성이며 생활이 뭉텅뭉텅 건너뛰는 것 나, 라는 하나 수많은 박수로 일어섰다는 것 방학 때마다 외갓집에서 줍던 공깃돌처럼 사촌들의 아이가 하나둘 늘어가는 것 알아차리는 것
　숙모의 얼굴에 잔주름을 그리고 하얀 브리지 브로치처럼 곁들이는 것 주례는 아침 점심 저녁처럼 마이크를 다잡고 식장 알바는 괜찮은 시급을 사는 것 가족사진 빈자리를 채워 신랑 신부 새로운 생으로 퇴장을 하면
　예복을 벗어 던지고 늘씬한 속눈썹과 금빛 헤어는 세팅을 풀지 못하는 것 크고 작은 플래시 터지고 나서 식사가 시작되고 다음 약속까지는 그립지 않은 것 예의에 참여하여
　그리운 건 언제나 오늘일 것

키를 꽂으면

문이 열리지 않아요 초인종을 누르지 않았나요 주머니에서 햇살을 꺼내어 열쇠 구멍에 찔러 넣어요 안쪽에서 내다보는 눈망울 하나 어서 와 우리 아가가 돌아올 시간이야 수박 케이크를 만들고 있어 눈동자의 암호로 구울 수 있지 쉿, 이건 우리만의 비밀이야 달콤한 냄새가 새어나가도 열리지 않아요 뱉어 놓은 씨앗에서 수박을 꺼내려고 어머니는 어머니를 틔우러 가지요 텔레파시 같은 길을 안내해요 키를 챙기세요 달달한 열쇠만 있으면요 문이 열리고 햇살이 들어와요 눈꺼풀은 경계에서 눈썹을 뒤집고요 그림자는 잘라 두었나요 아이의 울음소리가 들리기는 했다고요 문을 걸어 잠그고 죽어 가는 새 학기잖아요 시베리아 기단과 북태평양 고기압 사이 폭풍우도 걸쳐 있어요 방탄유리처럼 당신이 잠근 문에 당신이 갇혀 있어요 키를 높였나요 딸꾹질을 하며 먹구름이 몰려들죠 제발 바닥을 디디세요 어머니 수챗구멍으로 빨려 들어가요 정수리에 우박이 떨어지네요 수박이 쩍, 갈라져요 석양의 마법에서 풀려난 붉은 눈물을 닦아 주세요 수박은 달달한가요

채송화

나들가게 차양 아래 한 무더기 피었다
나지막한 키의 한 손길로 만진 듯한 폄의 엇비슷한 몸매의 여인들 백색 분을 두드리고 붉은 연지 찍어 바르고
노랑 날개를 목에 매었다

비등비등한 메뉴를 고르고
먼 데 사는 자매 같은 수다에 횡단보도 신호등 푸르게 웃어줄 때까지
차양 밑에 꽃잎을 돌돌 말고 삐주룩할 것이다
소나기 피하느라
해거름 녘 숨 고르느라

신호등이 바뀌면 잰걸음으로 길을 건널 것이다
무표정이 깨지면서 입꼬리가 째지면서
뻐끔뻐끔 기포를 터뜨리면서 미간이 도톰해지면서 지느러미를 가지런히 펴면서
볼우물을 주름에서 꺼내면서 까망 씨를 퉁, 퉁, 퉁기면서
와삭 깨물어 한입 가득 머금으면서

눈이 먼저 반원으로 웃을 것이다

이런 날이나 한 번씩 드는 가방을
품거나 이거나 어깨 정도는 젖을 것이다
빗방울 털어내느라 붉은 목을 빼고
현관에서 궁둥이끼리 비좁을 것이다
청실홍실 한 자리씩 내어 앉으며
옹그린 다섯 손가락을 쫘악 펼칠 것이다

작달막한 것들 지나간다
슈퍼 앞 횡단보도를 지나는 버스에 앉아서 본다
여우비가 신호등처럼 끔벅거린다

곱슬을 줍다

월요일 아침은 줍는다
먼지가 구르는 방바닥
귀퉁이에서 등을 말고 있는 곱슬

휴일이 떨어뜨리고 문을 닫고 갔다
청소기에 빨려들지 않고
물걸레에 묻어나지 않는다

집게손가락을 문질러
살며시 들어 올린다 핑그르르 돌아눕는 곱슬
주중으로 몸을 돌린다

굽은 등을 밀어 현관을 나서던 남자
얼굴을 내밀고 천천히 몸을 돌리면서
방바닥을 향하여 구부러지는 시선
천장과 바닥 사이를 긋고 있다

월요일 오전을 구부려

휴일을 줍다가
사선에 몸을 누이다가

손님처럼 몰려왔다가
등을 돌리고 떠나는 주말과
돌아오는 계절처럼
저녁마다 등이 되어주는 사람을 생각한다

시작은 시작끼리 큰길로 나서고
검지 끝에 침을 묻혀가며
집어낼수록 눈에 띄는 월요일 아침

잔반 한 상을 해치우고도
갈변한 사과 조각을 씹는다

오전 내내 늑장이 길다

식용유와 퐁퐁

식용유와 퐁퐁이 나란히 서 있다

달걀 두 알을 깨뜨려 놓고
퐁퐁을 들고 멈칫한 그날 이후로
그릇을 닦으려고 수세미를 들고
세제를 가지러 가는 오른손을 유심히 지켜보는 버릇이
생겼다

팬에 퐁퐁을 두르고
계란 거품을 볶다가
수세미에 식용유를 따르고
하수구까지 미끄러지면

퐁퐁 향 향긋한 식판을 받아 들고
간호부에서 놓고 가는 알약을 집어 들고
침방울 터지듯 뒷걸음치는 주말을
입술 끝으로 티끌처럼 뱉어 내게 될 것

창밖으로 노르께한 가랑잎 한 잎이 검은 아스팔트 위를 굴러간다

개수대 왼쪽과 오른쪽에
식용유와 퐁퐁을 갈라 두었다가
재회처럼 나란히 세워 준다

함께 노르스름하다

수산 한못

갯무꽃이 흐드러졌다
뿌리를 단단히 박고 여린 꽃대를 세워
질긴 바람을 엮고 있다

저만큼 유채밭 사이로
올바람을 움켜쥐고
웨딩 화보를 찍는 신혼의 팀들

코트 자락을 속치마처럼 뒤집는
개구진 바람에 우산대를 꺾으며
신발 뒤축을 놓아주지 않는
걸음 자리를 골라 깔깔거리며

수산리* 큰 못 가는 길에
삼별초의 말똥 냄새가 아직 쿰쿰하다
꼬리를 내린 정권은 육지로 몸을 돌려도

패전의 용사는 섬의 고삐를 놓지 않는다

우의를 걸친 신혼의 군마는
누대에 걸쳐 소도의 맹졸이 된다

말발굽이 개흙에서
날개를 꺾고 푸드덕거린다

* 수산리 : 서귀포시 성산읍 수산리

수억의 발을 내려

넘어서지 않으면 넘어진다

수만의 손이 벽을 짚고
봄빛 하늘로 새순의 고개를 치켜든다

굳게 다문 입술 사이로
푸른 핏물이
치알신의 흰 셔츠에 뿌려진다

― 다, 잘 될 거야
벽을 타고 서서
세 개의 손가락을 들어 올린다

총구로부터 피어오르는 향

수억의 발을 내려
기어오르는 것들은 명중되지 않는다

이길 것은 이기고야 만다

까치집

까치가 하늘에 구멍을 낸다

나뭇가지 맨 위
하늘의 가장 아래에 둥지를 튼다

이때 새는 똑딱이 단추다

창공의 가장 낮은 곳에
구들을 놓고
가지 끝에 초롱을 내건다

만혼의 남녀가
느티나무 아래 나란히 앉아 뭉그적거리고 있다

푸드덕, 하늘을 풀어헤치자

맞은편 담벼락에
매화 꽃망울이 터진다

잔혹 동화

아기는 제 자리에 누워
먹고 싸고
자는 척하며

방안을 구석구석 훑아

때로 토해내며
탈이 나 설사를 하며

끙끙거리며
앙앙거리며
깔깔거리며

딸랑이를 쥐고
물고 뜯고 씹으며

모빌의 날개에
새의 깃털을 매달아

제4부

기울어진 어깨로 반박 느리게

미로

모자를 벗어 든다

뻐꾸기가 당겨 부르고
참새가 앞서 걷는다

백산 저수지 가는 길에 멈춰 서서
그늘막 숲을 들이마신다

다가오는 사람을 살피며
가슴골은
겨드랑이 바람을 토해내고 있다

길 끝에
발가락을 담그는 흰 구름

무어라 속살거린다
모를 낸 논이 찰방거린다

차를 세워두고
그늘의 짧은 품을 길게 돌아 나온다

마스크를 집어 든다

나의 입구에서
당신은 다시 시동을 건다

절름발이 래퍼

뒤를 따라 걸었어
창문은 일어서다 주저앉다

사람의 물결에 밀리며
이마를 치는 벽을 밀며

뒷박을 헤아려
기울어진 어깨로 반박 느리게

서로의 얼굴을 비껴 나는 공중에
절룩거리는 이 세상을 끼워 맞춰 보아

밤에 나는 새는 낮잠의 미로에 빠져 있어
우리라는 엇박은 대칭

새끼손가락 걸고 소실점을 지나쳐
날라리를 물고 거꾸로 매달려

일곱 빛깔 기지개를 켜 봐
무대를 뒹구는 애드립은 애교

어린 새는 포물선을 물고
나에게로 돌아왔어 네 눈만큼 올라섰어

쉬어가는 음을 당겨 원, 투 스텝
공중이 함께 튀어 올라

등을 보며 걸었어
인파는 배경이 되어

모형 갈매기

갈매기 무리가 떠 있다
거품을 토하며 달리는 배의 꽁무니에서

배와의 간격을 유지하며
저희끼리 사이를 두어 가며
몸의 관절을 풀었다 조이며 조종되고 있다

시간의 갈피를 찢으며

가부좌하던 습관을 일으켜 세워
묵은 먼지를 털어내고 집을 나섰다

얼마나 많은 기억이 손톱 밑에 끼어
거스러미를 물어뜯고 있는지도 모르고

눈동자를 정가운데 고정시킨 채
출근과 퇴근을 돌려 막고 있었다

빽빽이
간격을 두는 자동차 행렬처럼

갑판 난간은
하늘 분계선과 나란히 누워
먼 섬 실루엣과도
평행을 유지한다

갈매기는 한 방향으로
부리를 틀어가며 떠 있다

옆집이 멀다

공중에 멈춰 서서
불침번을 서는 아파트는 고장 난 시간을 산다

15층 베란다에서 고농축 과거가
깔때기 바람을 타면
1층 배수구에 뭉게구름은 미래처럼 부푼다

천장의 희미한 얼룩을 더듬으며
구름의 기억이 상승기류를 탄다

어젯밤은 몇 층까지 사랑의 축포를 쏘아 올렸는지

알람이 저마다 다른 모양으로 울면
꽁무니는 벼락을 일으키며 방마다 들락거린다

구름을 잡아타고 엘리베이터는
위아래 층을 오르내리며 안부를 묻는다

적란운이 몰려와 소나기를 꿈꾸어도
옥상으로 가는 문고리는 둥글게 녹슬어 간다 흰곰팡이를 피워 올리며
고장 신호 연립 센서등은 관제탑에 자동 연결된다

2호와 3호는 좀처럼 초인종을 누르지 않는다
옥탑에서 일어나는 일은 앞 동을 참조할 것이다

지붕의 덮개가 부식되어 간다
앞접시를 건넨 적 없는 옆집에 누군가 산다

이상하고 아름다운 나라의

앨리스가 라면을 끓이고 있어요
일인용 냄비에 불을 켜요 따가닥 따가닥 불꽃이 튀지 않아요 불을 피워야 꽃이 부푸는데 꽃은 뜨거워 물을 끓이는데
식탁 위 바나나는 새파랗고요
가스가 떨어졌나요 줄을 따라 옥상으로
마른 빨래가 펄럭여요 앗, 빨려 들어가요 꼬불꼬불 동굴을 삼키는 지하의 아가리
몇 호로 가는 가스인가요
막다른 골목까지 가늘어지는 길
거기 가스가 있나요? 내가 지나가나요?
깔때기를 든 토끼가 꼬리를 자르고 돌아서는 그쯤
한 점 불씨 꼬들꼬들 씹혀요 후루룩 마셔버리자구요 언제고 늦은 때란 없는 거잖아요
라면도 떨어졌다구요
질겅거리는 길 목구멍에 걸려요 우웩, 앨리스가 라면을 끓이고 있다는 말은 거짓 끓이려 했죠
다만 불붙지 않은 거죠
불꽃 튈 만큼 허기지지 않았을까요

허청허청 점심시간이 되었던 거죠 마침 하얀 토끼가 손목시계를 쳐다보며 뛰어갔던 것
 시곗바늘 돌지 않아도
 흑흑 허기는 물려져요 껍질 까매진 바나나를 벗겨요 미끄러져
 우리 껍질을 벗어요
 당신 거기 있나요?

 앨리스, 밥 먹고 자야지

달빛은 계단을 밟고 내려와

무당거미가 공중에 집을 짓는다

달의 걸음 소리가 계단을 밟고 내려와
푸른 밤의 자취에 입김을 불자

이어폰에 줄을 대고 사람들은
한쪽 걸음으로 띄엄띄엄 걷기 시작한다

데크에 하얀 조명이 들어오고
난간에서 물방울은 거미줄을 뜯는다

날마다 조금씩 흐려지는 붉은 달빛에
검불 몇 개 걸려 발목을 삐끗했다가

거미가 놀란 가슴을 쓸어내리는 동안
힘을 제법 키운 바람이 제 지분을 먹어 치운다

목이 좋은 곳은 잔비에도 짓무른다

귀퉁이가 주저앉아 종일 한 층을 복구했다

먹구름에 코가 깨진 보름달이
아파트 담장을 넘어오지 못하고 있다

속으로 곪아 들어 제 생각을 파고들고 있을 터
남의 손톱 밑을 찔러 제빛을 내는 초승에

대장 거미는 공중에 아파트 평수를 늘린다

불가촉 그녀

　남편 사무실 직원이 확진 판정을 받았다
　그녀가 아니고 그녀 남편도 아니고 그녀 남편 직원이 확진되어 그녀 가족은 검사를 받고 그녀는 항공권을 내일 오후로 미루고 있다
　나는 취소 버튼을 눌렀다가 아직 손을 떼지 못하고
　검사 결과가 나오면 내일 그녀는 공항으로 갈 수 있고
　나는 지금 여행을 포기하는 중이다
　결과가 음성으로 뜨면 그녀는 내일 전주를 뜨겠지만 상관없이 나는 불필요한 접촉을 피할 것이다 그녀는 사람을 피해 입과 코와 눈과 얼굴을 피해 올레 몇 코스를 둘러볼 예정이다
　나도 그리운 사람을 피해 오름을 오르내릴 것이었지만 지난 주말부터 냉장고를 비우고 캐리어를 채우고 있었지만
　다음 항공권을 예매할 때까지 나는 나의 짐에서 안전핀을 뽑지 못하겠다

　그녀가 돌아오는 일요일 저녁
　오래 비운 트렁크를 옷장 깊숙이 밀어 넣을 것이다

새를 쫓는 개

새를 쫓는다
까치가 내려앉아 이쪽을 바라본다
언덕 위에서 굽어본다

비탈 아래 줄에 묶여
새의 눈을 쏘아본다 날아오르듯이
허리를 말아 끈을 당긴다

손에서 놓여난 적 있다
플라스틱 손잡이가 아스팔트에 끌리는 사나운 소리에
화들짝 놀라 그대로 몸이 얼어붙드라

거친 숨을 긁으면서
반경을 힘껏 뛰어오른다
푸르르 새는 날아가 버린다

새를 쫓았다
시를 쫓았다

틱

들숨이 밀려 들어온다

누가 낳아 달랬어, 딸꾹
현관을 박차고 나간다

낯을 씻다 엄마는 떠내려가고
섬의 물둘레는 닫혀 있다, 씰룩

바다 깊숙이
입을 벌리고 따라나선 빛에, 깜빡
몸을 웅크리면

외부의 고요가 내부의 적막을 품고
괜찮다, 괜찮다며 공기 방울 딸꾹거린다

떠 있기 위하여
떠오르지는 않기 위하여

아래로 더 아래로
기록을 고쳐 기록하며 몸을 뒤집는다

밭은 숨을 이어 긴 호흡을 뿜으며
해저에서 물 먹은 엄마가 쿨럭대고 있다

물이 빠지고 섬이 떠올라 온다
발가락 사이로 수초가 자라나고 있다

해류를 밀어내는 섬
물풀의 지상을 절뚝인다

목발을 짚은 사나이

원의 중심이다
그는 좀 더 뾰족해져야 한다

무른 심으로 원둘레를 그려 가장을 시도하지만
멈춰 서 있는 것이 최선의 진격임을 알게 된다

매일 아침 볼트를 조인다
수와 숫자 사이에 걸치고 서서
피를 보지 않을 만큼 가랑이를 찢는다

처음과 끝이란 없다
보폭을 줄여가며 자기중심에 꿰뚫린다
점점 더 깊이 박혀 파동이 일면

지나가던 사람들은 껌을 씹으며
이어폰을 꺼내어 귀에 꽂는다

온몸이 이빨 자국투성이다

동심원의 중심에서 깃발을 든 사람들과 산에 오른 적이
있다

　그는 늘 원만함을 추구하나
　발자국을 남기지 못한 채 계단을 앞에 두고 낙오된다
　모기떼가 극성이다

　몸이 헐거워지면 뿌리를 들어 올려
　산허리 어디쯤 침을 박고 돌아 나가야 한다

　나무와 나무 사이에서 손바닥을 펼치는 가지는
　서로 다른 원의 한쪽 팔뚝이다

　울타리를 벗어나는 날다람쥐 바라보며
　그는 뭉툭해지고 있다

프레파라아트에 떠 있던 기억처럼

중앙상가의 불빛이 가물거린다
정지선 앞에서 자동차들 갸르릉거린다

버스 끊어진 밤길에
차도와 보도를 다섯 갈래로 땋아 늘이던 오거리
취기 몇 잔 이마 위로 올라서고
알코올 향은 거리에 희석된다

몸을 낮춰 보도블록에 착지한다
무릎을 접어 균형을 잡아본다
주머니 속 키를 꼭 쥐고 여기까지
엄지손가락 닳도록 불씨를 튀겨 왔다

광장의 중앙으로부터 너울이 밀려온다
손가락 사이로 새어들어 청색의 불꽃이 되는 바람에
새털구름이 의상을 바꿔 입으며 공중을 달리고 있다

곁눈질로 배율을 조절해본다

프레파라아트에 떠 있던 기억처럼
실험실의 중력을 벗어난 팔다리가 가벼워진다

나는 너를 찾으러 간다
가위바위보, 를 삼세번 해도 술래는 술래
발바닥의 별자리에 도움 닫는다

내일의 대리는 찾을 수 없어
광장의 시계탑에 뜬소문처럼
철 지난 전단지가 펄럭거린다

토사물의 기억은 날이 밝으면 바짓가랑이에서 떠오를 것
지금은 별의 물창을 맞으며 돌아가야 할 때

불 꺼진 창은 지나간 바람을 기다린다

빨간 손바닥

공중을 길게 찢는다
구르지 못하고 미끄러진 바퀴
꽁무니에 부딪히지 않으려고
바닥은 배를 쥐고 쿨럭거린다

온몸으로 속도를 밀어내다
벌레 먹은 당단풍 같은 빨간 손가락을 펴고
일 톤 트럭 꽁무니에서
목장갑 한 장이 날리고 있다

사지는 떨어져 나갔나
가식으로 반 코팅된 세상
손아귀로 향한 힘에 피칠을 하고 날개를 펼친 손바닥
마주칠 한 손뼉을 찾고 있다

횡단보도에 걸려 신호등이 깜빡거려도
나타나지 않는 얼굴 아버지는
아스팔트에 음정 박자 콩 볶듯 쏟아놓고

텅 빈 오선지에 내려앉아 숨 고르는 중

몸통에서 떨어져 나와 퀭한 두 눈은
자동차 바퀴 사이를 구르며 중얼거린다
더 이상 삽질은 안 할 거야
입술의 변덕을 받아 적기는 그만두겠어

한 옥타브 아래를 길게 눌러
빛깔을 바꾸며 신호등은
여린내기로 당김음을 연주한다

중앙선에 노랗게 걸려
검은 아스팔트와 둥근 바퀴 사이
어둠이 코팅되고 있다

빨간 목장갑 한 짝 도로에 떨어져 있다

원룸

점 선선선 면면면
　　　　면면면
　　　　면면면

안의 이백이 호로
문을 따고 들어가면면면
　　　　면　면
　　　　면면면

마들렌의 향기가 따라 와
코를 발름거리며 마론 인형이 돌아와

방 안에 틀어박히는 점 선면점 선면점
　　　　　　　　선면점
　　　　　　　　선면점

허리를 꺾어선
면,

을 집어내어선면점
　　　　　선　　점
　　　　선면점

비슷한 표정의 이목구비로
싱글 침대와 오목한 싱크대를 오가며

감기지 않는 방사형 속눈썹

아침이 돋아나는 소리에
검은 눈동자가 점, 점

피어나 블루블루

붓을 바꿔
물감을 덧칠해요

캔버스를 긁어
색을 벗겨내지요

애인의 턱선을 어루만지듯

붓끝을 들었다 놓으며
색의 면을 지나가요

가늘게
굵게
채도를 입혀요

네이비 블루 로열 블루 마린 블루 프러시안 블루 베이비 블루
오리엔탈 블루 코발트 블루 튀르쿠아즈 피콕 블루 나일

블루

  무한의 블루가 부화해요
  블루블루 블루블루
  녹색이 되지 못하고 보라는 되지 않는

  블루 장미
  블루 수국

  되돌려 보는 기억의 잔상들이

  애인의 발뒤꿈치에서
  겹꽃잎으로 번져가요

김수예의 시세계

존재들 '사이'를 조율하는 법

문신

(시인 · 우석대 교수)

1

거기, 당신이 있으므로 나는 당신에게 다가갈 수 있을 것입니다. 하지만 내가 당신이 되는 일은 불가능하고, 당신 또한 또 하나의 당신이 존재하는 것을 바라지 않을 것입니다. 모든 사람에게는 자기 존재의 궤도가 있는 법이고, 살아가는 동안에 존재의 궤도가 겹치거나 충돌하지 않아야 하는 것이 운명의 질서이기 때문이지요. 우리가 말하는 일상은 이렇게 자기 궤도를 견고하게 유지하는 과정입니다. 당신은 당신의 궤도에서, 나는 나의 궤도에서. 그러다가 가끔은 알 수 없는 이유로 가까이 다가가기도 하고, 때로는 등 돌리고 아주 멀어져 버리기도 합니다. 그러한 궤도의 리듬을 우리는 삶이라고 해왔습니다. 시는 그러한 삶의 리듬을 노려 침투하는 빛 같은 것입니다. 그리고 시인은 타인의 궤도에 자기만의 언어를 슬쩍 올려놓는 사람입니다.

이것이 김수예 시인의 『피어나 블루블루』를 읽고 난 첫인상입니다. 타인의 궤도를 걸어보고 싶은 시인의 이야기로 읽힌 거지요. 가령 "길 위에서 길을 잃거든 내 사랑 당신/ 물밑으로 내려가 보세요"(「스노클링」)라고 말할 때, 시인의 시선은 당신의 궤도를 탐색하고 있습니다. 게다가 시인은 당신이 잃어버린 존재의 궤도를 당신보다 더 잘 알고 있습니다. 그런 까닭에 시를 읽다 보면 시가 존재의 심연을 밝게 비추는 언어의 신비라는 것, 시인은 세계의 비밀을 눈썰미 있게 포착해내는 특별한 사람이라는 오랜 믿음을 거듭 확인하게 됩니다. 그렇다면 김수예 시인이 발견한 세계의 비밀은 무엇일까요?

첫사랑은 은총같이 와서 기준이 된다

중년의 커플이 식전 알약을 나눠 먹는다
일상과 일탈 사이 쪼개어 쓰고 온 것들

배식구에서 식판을 챙겨 내밀며
　　궂은날 국화 향을 따라 흐르며

　　베이지의 외투 깃과 민트 빛 스카프 사이

　　검은 선글라스가 반백의 광대에 걸려 있다
　　굵은 눈웃음을 당겨 셔터를 눌러댄다

　　휴일의 늦잠과 감성의 극성 사이
　　노스탤지어와 강남스타일 사이

　　반짝임은 마모되고 손때에서 윤이 난다
　　　　　　　　　　　　　　―「사이」 전문

　모든 존재는 '사이'를 공유한다고 합니다. 당신과 나 사이에 '사이'가 없으면 당신은 당신이 될 수 없고 나 또한 존재하지 못합니다. 당신이 당신일 수 있게, 내가 나일 수 있게 만들어주는 것이 '사이'라는 사실은 참으로 매력적입니다. 사실 우리는 오랫동안 '사이'는 아무것도 없는 텅 빈 곳으로 여겼고, 그랬기 때문에 '사이'에 별다른 관심이 없었습니다. 심지어 그 '사이'를 뭔가로 가득 채워야 한다는 강박에 사로잡히기도 했지요. 그래서 당신에게 뭔가를 바쳐왔고, 당연하게도 당신이 뭔가를 해주기를 열망해왔습니다. 김수예 시인은 그러한 강박과 열망을 '사랑'이라고 말하는 것 같습니다. 인용하고 있는 시에서 "일상과 일탈 사이"를 비롯한 모든 '사이'를 사랑 말고는 설명할 도리가 없습니다. 이런 점에서 김수예 시인의 시를 '사이'의 시학이자 '사랑'의 미학으로 읽고 싶습니다.

2

'사이'는 존재와 존재의 관계를 형성합니다. 당연히 거리와 시차의 문제가 개입되지요. 존재의 궤도가 서로 충돌하지 않는 것은 그러한 거리와 시차 덕분입니다. 거리와 시차가 정확한 상태를 유지하는 모습은 아름다움을 넘어 황홀하기까지 합니다. 게다가 '사이'는 잘 알려졌다시피, 자유를 향해 열려 있는 영역이기도 합니다. '사이'는 유동적이어서 무한을 지향하지만, 그럼에도 방탕하지 않게 절제할 줄 알지요. 따라서 '사이'에서 펼쳐지는 무질서의 세계는 새로운 질서를 향해 나아가는 역동이면서 새로운 존재를 창조해내는 심연에 가깝습니다. 『서양미술사』를 쓴 곰브리치가 일찌감치 이 점을 간파한 바 있습니다. 그는 그리스 미술이 수 세기에 걸쳐 찬양받는 이유를 "규칙의 준수와 규칙이라는 테두리 안에서의 자유가 완벽한 균형을 이루고 있기 때문"*이라고 말했습니다. 모든 존재가 자기 궤도를 준수할 때, 존재와 존재, 궤도와 궤도 사이에 자유가 나타납니다. 물론 김수예 시인의 시가 정확하게 이런 경우에 부합한다고 볼 수는 없습니다. 그렇지만 그는 정확하게 존재하고자 노력하고 있는 듯 보이며, 그런 노력이 그의 시에 '사이'의 균형을 찾아가려는 시도를 만들어내고 있다는 데 동의할 수 있습니다.

저음은 발등에서 붓고 고음은 정수리로 솟는다

피아노의 뚜껑을 들어 올리자
해머와 현의 조응 금빛 뼈로 드러난다
벨트를 조이고 생의 코드를 짚는다

쨍한 소리를 골라 귀에 걸어보는 동안
연미복 자락처럼 한 음 한 음 또렷해진다
응, 답하며 골목으로 저물어가는 음파를 쫓느라

오래도록 연주회를 갖지 못하고 있다
선율이 되지 못한 소리는
지구의 거죽에 붉은 녹으로 묻어난다

---

* E. H. 곰브리치, 백승길·이종숭 옮김, 『서양미술사』(문고판), 예경, 2013, 72쪽.

한 발짝만 돌아서도 흔들리는 저녁의 수은주
　　온몸으로 엄습해오는
　　낙조의 구둣발 소리에 입김이 홍건해진다

　　완주는 연주자의 몫으로 남겨두고
　　귀밑머리 희끗해져
　　도구를 손질하는 초로의 등이 역광으로 굽는다

　　어둠이 색을 삼키고 빛을 뱉으면
　　목젖 같은 도시의 눈은
　　어린 짐승처럼 물빛을 머금고 울먹인다

　　부은 발등을 내밀며 신작로를 돌아나가는 길
　　저녁이 나비 날개에서 흩어져 난다

　　언덕 위의 그림자는 발뒤꿈치를 물고 늘어진다
　　　　　　　　　　　　　　ㅡ「저녁 조율사」전문

　무너진 균형을 바로잡는 일이 조율입니다. 사는 일이 늘 그렇지요. 우리 일상은 자주 어긋나고 삐끗거리는 순간의 연속입니다. 그 순간과 순간은 언제나 '사이'로 연결되어 있습니다. 이 '사이'가 얼마나 유연하고 자유로운가에 따라 일상 회복의 탄력이 발생하지요. 김수예 시인이 말하는 '조율'은 '사이'의 유연성을 확보하고 이를 통해 무너진 일상을 회복하려는 시도입니다. 보다시피 "발등에서 붓"는 "저음"과 "정수리로 솟는" "고음" 그 '사이'에 인간 존재가 있습니다. 그러면서 김수예 시인은 인간 존재에게 "음파", "수은주", "역광"이라는 그림자를 드리워놓고 있습니다. 소리, 온도, 빛은 규정되지 않는 스펙트럼을 보유한 현상입니다. 그뿐만 아니라 인간의 존재를 신화적으로 상징하는 요소들이기도 하지요. 존재 탄생의 신화를 살펴보면, 태초에 하나의 소리(말씀)가 있었다는 것을 알 수 있지요. 마찬가지로 한 줄기 빛이 혼돈의 어둠을 몰아냈다는 이야기와 심장에 따뜻한 피가 돌면서 마침내 생명이 시작되었다는 것도 널리 알려져 있습니다. 이런 요소들이 삶에서 얼마나 자유로울 수 있느냐가 존재의 정체성을 형성한다고 봐도 무리는 없을 듯합니다.

  조율을 통한 존재의 균형 찾기는 김수예 시인에게 세상과 자기를 연결하는 중요한 테마처럼 보입니다. "통과한다는 것은/ 누군가의 터널이 되는 것// 나를 지나간 터널을 길 끝에 누인다"(「터널」) 같은 대목에서 '터널'이 환기하는 존재 교류와 소통의 방식은 시집 『피어나 블루블루』를 지탱하는 맥락이 됩니다. 이 경우 '터널'은 시간과 공간을 한꺼번에 전유하게 됩니다. "나를 지나간" 무수한 시공간의 끝에서 마주하게 되는 '나'는 세상과 전면전을 치러낸 존재입니다. 그럴 때 '나'는 세상의 '사이'에 놓여 있으며, 그 텅 빈 시간과 공간을 점유함으로써 비로소 세상을 의미 있게 만들어냅니다. 김수예 시인의 시에서 '나'는 세상 모든 존재의 '사이'에서 존재와 존재를 소통하게 하는 터널이자 창이 되고자 하는 것입니다.

버스가 멈춘 사이
빈자리를 찾는다

덜렁거리는 손잡이 사이

머리, 머리들 지나
깨진 액정같이 무표정한 얼굴들 지나

빗줄기는 창에 서린 김을 닦지 못한다

입김을 불어 안경을 닦아도
여전히 뿌연 생각

버스가 급정거를 한다
빈 손잡이는 앞쪽으로 몰려가고

뒤통수들,

검은 구멍이 된다

보는 사람과 보이는 사람 사이에 창이 있다

횡단보도를 건너던 여자는

다급히 비닐우산을 당긴다

구석에 자리를 잡고 앉아

뿌옇게 김이 서린다

—「창」 전문

　시인이 이 시를 통해 특별히 들려주고 싶은 바를 이렇게 받아들이고 싶습니다. 세상의 모든 존재는 "멈춘 사이"에 새로운 존재 발견의 기회를 맞이하게 된다고. "버스가 멈춘 사이"에 화자는 버스 안에서 "머리, 머리들"과 "깨진 액정같이 무표정한 얼굴들"을 발견합니다. 언뜻 보면 그들은 나와 무관하고, 그러므로 별 볼 일 없는 정물처럼 생각됩니다. 하지만 김수예 시인은 그들을 무표정하게 내버려 두고 싶지 않은 모양입니다. 다시 "버스가 급정거를" 하여 멈추게 되는 순간, 그들의 "뒤통수들,/ 검은 구멍이 된다"는 새로운 사실을 깨닫습니다. 겉으로 보기에는 버스에 탄 사람들의 머리가 창에 비치는 것을 묘사한 것일 수 있지만, 시인이 마주하고 있을 시적 상황에 한 걸음 가까이 다가가게 된다면, 이 대목에서 발견해 낸 "검은 구멍"이 '터널'의 형상과 다르지 않다는 걸 알게 됩니다. 이 터널을 통해 시인은 "횡단보도를 건너던 여자"를 보게 되는데, 이때 '여자'는 '머리들'이나 '얼굴들'과는 질적으로 다른 존재가 됩니다. 정물로서의 그들은 버스가 급정거하는 순간에 "뒤통수들"이 되고 맙니다. 뒤통수는 볼 수 없는 존재입니다. 그러나 시인은 "보는 사람과 보이는 사람 사이에 창"을 설정함으로써 무표정한 정물로부터 "다급히 비닐우산을 당"기는 역동적인 존재에 도달하게 했습니다. 김수에 시인이 노리고 있는 '사이'의 시학은 이렇게 새로운 존재 발견의 기회를 향해 질주하고 있습니다.

3

'사이'의 시학을 통해 김수에 시인이 궁극적으로 지향하는 지점은 '사랑'입니다. 사랑은 인간이 표현하고 느낄 수 있는 가장 아름다운 감정이라고 합니다. 하지만 사랑은 인간의 힘으로는 그 존재를 증명하기 어려운 감정이기도 합니다. 사랑의 정동이 사이의 시학에 연동되는 이유가 여기에 있습니다. 사랑은 정확하게 규정될 수 없지만, 그렇다고 해서 없다고 말할 수도 없습니다. 그런 까닭에 사랑은 존재와 존재 사이를 자유롭게 흘러 다니면서, 균형이 무너진 존재와 존재의 관계를 맵시 있게 조율합니다. 그렇습니다. 사랑은 사이를 조율하는 감정입니다. 그러자면 존재와 존재의 불협화가 전제되어야 하는데, 우리가 살아가는 세계는 필연적으로 혹은 자연적으로 갈등과 대립 또는 배제와 고립을 숙주로 삼습니다. 세계의 모든 존재는 서로에 대한 상호 투쟁을 삶의 방식으로 삼고 있는 까닭이지요. 김수예 시인의 '사이'의 시학은 그러한 존재와 존재 사이의 불안한 국면을 돌파하는 힘이 됩니다.

  공중에 멈춰 서서
  불침번을 서는 아파트는 고장 난 시간을 산다

  15층 베란다에서 고농축 과거가
  깔때기 바람을 타면
  1층 배수구에 뭉게구름은 미래처럼 부푼다

  천장의 희미한 얼룩을 더듬으며
  구름의 기억이 상승기류를 탄다

  어젯밤은 몇 층까지 사랑의 축포를 쏘아 올렸는지

  알람이 저마다 다른 모양으로 울면

꽁무니는 벼락을 일으키며 방마다 들락거린다

　　구름을 잡아타고 엘리베이터는
　　위아래 층을 오르내리며 안부를 묻는다

　　적란운이 몰려와 소나기를 꿈꾸어도
　　옥상으로 가는 문고리는 둥글게 녹슬어 간다 흰곰팡이를
피워 올리며
　　고장 신호 연립 센서등은 관제탑에 자동 연결된다

　　2호와 3호는 좀처럼 초인종을 누르지 않는다
　　옥탑에서 일어나는 일은 앞 동을 참조할 것이다

　　지붕의 덮개가 부식되어 간다
　　앞접시를 건넨 적 없는 옆집에 누군가 산다
　　　　　　　　　　　　　　　―「옆집이 멀다」 전문

 이 시는 "고장 난 시간"으로 시작해 "옆집에 누군가 산다"로 끝납니다. 이것만으로도 현재 우리의 삶이 다른 존재와 얼마나 어긋난 '사이'인지 알 수 있습니다. "아파트"라는 고장 난 시간 속에서 다른 존재를 향해 나 있는 터널/창은 굳게 잠겨 "녹슬어" 있습니다. 녹슬고 부식된 관계를 경고하듯 "알람"이

울리고 "벼락을 일으"켜도 "좀처럼 초인종을 누르지 않는" 상황입니다. 이런 상황에서 시인은 "위아래 층을 오르내리며" 묻습니다. "어젯밤은 몇 층까지 사랑의 축포를 쏘아 올렸"느냐고. 그러나 시는 어떤 대답도 내놓지 않습니다. 아니, 대답할 수 없는 상황입니다. 대신 "여보세요?"(「목소리가 얼굴에게」), "당신 거기 있나요?"(「이상하고 아름다운 나라의」), "당신, 괜찮아?"(「터널」)라고 끊임없이 묻기만 합니다. 중요한 것은 당신'에게'가 아니라 당신에 '관해' 묻는 방식입니다. 사랑은 당신의 응답이 없더라도 언제나 당신에 '관해' 이야기하고 싶은 감정이니까요.

롤랑 바르트는 사랑이 불충분한 감정이라고 말한 적 있습니다. 그의 책 『사랑의 단상』(문학과지성사, 1991)에 "나는 그 사람이 아프다"라는 소제목이 있는데, 간추리자면 아무리 사랑하는 관계라도 상대의 고통이나 감정에 충분히 동일화될 수 없다는 것입니다. 그러면서 이렇게 단호하게 말합니다. "그러니 조금 떨어져 있자. 거리감을 쌓는 훈련을 하자."(84쪽) 사랑에도 '사이'가 필요하다는 뜻입니다. 자기 궤도를 살아가는 존재에게 사랑이란 서로의 궤도를 침범하지 않는 일입니다. 궤도와 궤도 '사이'를 확보할 수 있을 때 존재의 조율을 위한 사랑이 작동할 수 있습니다. 김수예 시인의 시는 '사랑'이 발생할 수 있는 존재의 '사이'를 만들어내고 있습니다.

새를 쫓는다

　　까치가 내려앉아 이쪽을 바라본다

　　언덕 위에서 굽어본다

　　비탈 아래 줄에 묶여

　　새의 눈을 쏘아본다 날아오르듯이

　　허리를 말아 끈을 당긴다

　　손에서 놓여난 적 있다

　　플라스틱 손잡이가 아스팔트에 끌리는 사나운 소리에

　　화들짝 놀라 그대로 몸이 얼어붙드라

　　거친 숨을 긁으면서

　　반경을 힘껏 뛰어오른다

　　푸르르 새는 날아가 버린다

　　새를 쫓았다

　　시를 쫓았다

　　　　　　　　　　　　　　—「새를 쫓는 개」 전문

　이 시에는 "굽어"보는 "새"와 "쏘아"보는 "개"가 있습니다. 각각 "언덕 위"와 "비탈 아래"에 있지요. 그곳이 새와 개가 존재하는 궤도입니다. 그리고 두 존재가 서로를 바라볼 수 있는 것은 '사이'가 있기 때문입니다. 그러나 '사이'가 허물어지고 개가 "반경을 힘껏 뛰어오"르는 순간, 즉 존재가 자기 궤도를 이탈하려는 순간 "푸르르 새는 날아가 버"립니다. 개가 자기 궤도를 이탈하고 '사이'를 무기력하게 함으로써 존재와 존재의 불균형이 발생한 거지요. 김수예 시인의 시는 이렇게 일상의 균형이 무너진 곳에서 탄생합니다. 그리하여 존재와 존재의 궤도를 조율하려고 합니다. 이것이 인용한 시에서 "새를 쫓"는 행위가 "시를 쫓"는 행위와 동일시되는 이유입니다.

『피어나 블루블루』에 실린 시들은 '당신'으로 기표되는 다른 존재에 관한 이야기입니다. 그리고 대부분의 '당신'은 "방탄유리처럼 당신이 잠근 문에 당신이 갇혀 있"(「키를 꽂으면」)는 존재입니다. 이 소통 불가의 상황을 극복하기 위해 김수예 시인은 터널/창 같은 '사이'를 끌어들이는데, 그렇게 해서 '당신'은 "나의 입구에서/ 당신은 다시 시동을"(「미로」) 걸 수 있습니다. '당신'이 '나'를 통해 다시 존재할 수 있게 된 것이지요. 그러므로 김수예 시인의 '사이'는 새로운 존재 탄생의 장소가 됩니다. "산호 사이로 물거품을 산란"(「스노클링」)하는 일이나 "발가락 사이로 수초가 자라나"(「틱」)는 일, "조각난 구름이 나무 사이를 미끄러"(「유월」)지고, "부러짐과 구부러짐 사이에서/ 자라나는 머릿결"(「아라베스크」), "나무와 나무 사이에서 손바닥을 펼치는 가지"(「목발을 짚은 사나이」) 모두 새로운 존재를 탄생시키는 '사이'의 미학입니다. 김수예 시인이 만들고 있는 존재와 존재 '사이'에서, 앞으로 어떤 인생과 시가 발견되고 쓰이게 될지 계속 지켜보고 싶습니다.

| 김수예 |

인천에서 태어나고 성장하여 전북 전주에서 살고 있다.
2020년 『포엠포엠』 신인문학상으로 작품 활동을 시작했다.
2021년 전주문화재단 미디어북콘텐츠 '목소리가 얼굴에게'를 발간했다.

이메일 : fc3soo@hanmail.net

현대시 기획선 072
피어나 블루블루

초판 인쇄 · 2022년 10월 6일
초판 발행 · 2022년 10월 13일
지은이 · 김수예
펴낸이 · 이선희
펴낸곳 · 한국문연
서울 서대문구 증가로 31길 39, 202호
출판등록 1988년 3월 3일 제3-188호
대표전화 302-2717 | 팩스 · 6442-6053
디지털 현대시 www.koreapoem.co.kr
이메일 koreapoem@hanmail.net

ⓒ 김수예 2022
ISBN 978-89-6104-319-9 03810

값 10,000원

* 이 책은 (재)전라북도문화관광재단 2022년 지역문화예술육성지원사업에 선정되어 보조금을 지원받은 사업입니다.

* 잘못된 책은 바꾸어 드립니다.